I ANGE LE BUDGET ?

PARIS

E. DENTU, LIBRAIRE-ÉDITEUR
Galerie d'Orléans, 17 et 19, Palais-Royal.

—

1869

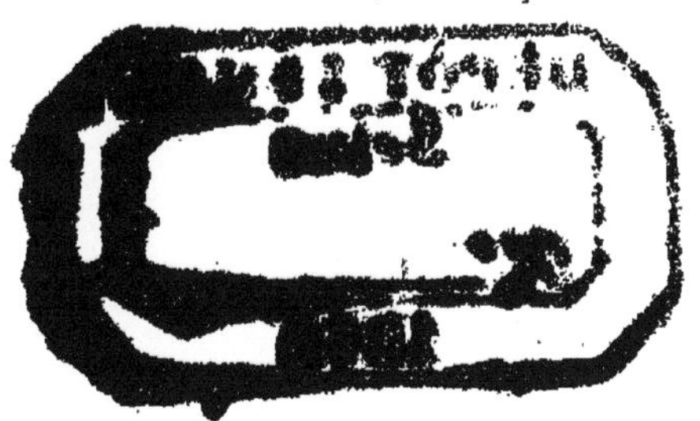

QUI MANGE LE BUDGET?

Qui mange le budget?

Voilà une question singulière, car tout le monde croit savoir qui mange le budget, et personne n'en sait rien au juste, faute d'y avoir réfléchi ou d'avoir étudié.

On se laisse raconter que ce sont les gouvernements qui mangent les budgets; et l'on n'en demande pas davantage.

Mais pensez-y seulement cinq minutes.

Le budget d'un grand empire, c'est une très grosse somme d'argent; où prenez-vous le monstre, la bête vorace qui avale toute cette richesse ? L'avez-vous jamais vue ? Et, à supposerqu'elle existe, qu'est-ce qu'elle en fait ? L'argent ne se digère pas comme le fourrage du bétail, et encore le bétail, après s'être nourri, laisse-t-il sur vos terres un engrais productif.

Vous réfléchissez ? C'est un progrès. Mais je pressens votre réponse : « Les soldats, les canons, les fusils Chassepot, les bâtisses des villes, les gros traitements, les dotations, etc., voilà ce qui nous ruine ! »

— En êtes-vous bien sûr ?

— Je le crois, et l'opposition en donne sa parole d'honneur.

— Eh bien ! examinons ensemble. Je ne veux pas vous faire un cours de finances, ni discuter en ce moment la nécessité des dépenses que les Chambres ont approuvées. Je veux prendre le budget tel qu'il est ; vous dire d'où l'argent vient et où il va. Vous conclurez vous-même, et, après avoir entendu mes explications qui, je l'espère, seront claires et nettes, vous aurez acquis, sur une question qui passe pour fort embrouillée, des idées assez positives pour qu'on se sente moins hardi à berner votre crédulité.

Je commence :

***

Nous prendrons, si vous voulez, le budget de 1866. C'est le dernier réglé définitivement, et nous en avons tous les détails dans les comptes particuliers des ministres, détails qui nous manqueraient si nous nous attaquions en ce moment aux budgets de 1867 ou 1868.

Je vais le prendre par les gros chiffres, qui sont à la recette :

Recettes ordinaires.. ...	1.784.867.602
— spéciales.......	256.193.642
— extraordinaires.	163.992.041
Ensemble............	2.205.053.285

D'où cela vient-il ? qui paye ces deux millards deux cents millions ?

Ici, nous commençons à décompter, parce que le tot des écritures du budget des recettes de 1866 est de beaucoup supérieur à la somme réellement encaissée, à cause de la comptabilité purement imaginaire de l'amortissement que l'on a enfin supprimée à partir du budget de 1867.

Mais comme c'est du budget de 1866 qu'il s'agit, il faut supprimer, pour l'écriture chimérique de l'amortissement, une somme de 127,975,201 fr. qui n'a jamais été encaissée, et qui par conséquent n'a été payée par personne.

La vraie recette retombe à 2,077,078,083 francs.

Est-ce l'impôt qui a couvert cette somme?

Oui, pour une partie ; non pour le reste, comme on va le voir par ces quelques lignes de chiffres, où l'on retrouve tout l'ensemble du budget des recettes :

Contributions directes....	536.338.389
Revenus indirectes.......	1.345.345.321
Total des impôts.........	1.881.683.710
Revenu du domaine des forêts, divers, et ressources extraordinaires	179.403.448
A reporter.....	2.061.087.158

Total des recettes propres de 1868..................	2.061.087.158
Solde des fonds reportés des exercices précédents	15.990.926
Recettes totales de 1866..	2.077.078.084
Si l'on y ajoute la recette fictive de l'amortissement..................	127.975.201
On retrouve le total brut du budget.............	2.205.053.285

***

De ce qui précède il resssort clairement que, sur un budget brut de 2,205 millions, le contribuable ne paye que 1,881,683,710 f. d'impôts.

Encore, faut-il remarquer que dans cette somme, figurent environ 350 millions de recettes provenant des postes, des télégraphes, des tabacs, des cartes à jouer, etc., qui représentent bien moins un impôt que le prix d'un service rendu ou d'une marchandise vendue; ce qui réduit à 1532 millions environ la somme des impôts réels supportés par le contribuable, et au payement desquels il ne peut se soustraire.

Maintenant, nous savons d'où vient l'argent. Le curieux et l'intéressant, c'est de savoir ce qu'il devient, de le suivre dans sa course et de voir dans quelles mains il s'arrête définitivement.

***

Le total brut du budget des recettes de 1866 s'élevait, comme on l'a vu, à fr.	2,205,053,285
Mais le total des dépenses n'est que de fr.	2,203,074,625
La différence, soit. . . .	1,978,660

a été reportée au budget suivant, et je n'ai pas à m'en occuper ici.

De la somme dépensée, je défalquerai, comme pour le budget des recettes, l'écriture fictive de l'amortissement; personne n'ayant rien payé de ce chef, personne ne peut avoir rien reçu. Donc, de la somme de. 2,203,074,625

Nous allons retrancher.	127,975,201
Et il restera.	2,075,099,424

C'est de cette somme de 2,075,099,424 fr. que nous allons suivre l'emploi.

***

Dans l'ordre officiel de nos budgets, les dépenses sont classées par ministère :

Ministère d'Etat, de la justice, de l'intérieur, de l'instruction publique, des affaires étrangères, de la guerre, de la marine, des finances, des travaux publics, de la maison de l'Empereur et des beaux-arts.

Les dépenses, fort diverses, de ces dix ministères se divisent, quelles qu'elles soient, en deux grandes catégories :

Dépenses du personnel ;

Dépenses du matériel.

* * *

Le personnel rétribué par le budget comprend tous les fonctionnaires et employés de l'Etat, le clergé, la magistrature, la diplomatie, l'administration ; à quoi s'ajoutent le traitement des professeurs, instituteurs, institutrices ; celui des ingénieurs et conducteurs des ponts et chaussées et des mines ;

Enfin, la solde des soldats et des marins.

Cet ensemble se complète par les dotations affectées à la Liste civile, aux princes et princesses, et aux émoluments des grands corps de l'Etat : Sénat, Corps législatif, Conseil d'Etat.

La seconde nature de dépenses, ce sont les dépenses du matériel. Eclaircissons ceci par un exemple :

La première section du budget de l'instruction publique est intitulée : *Adminis-*

tration centrale de l'instruction publique. Elle comprend deux chapitres :

Au premier chapitre, celui du personnel, s'inscrivent les appointements des employés de l'administration centrale ;

Au deuxième chapitre s'inscrivent les dépenses du matériel de cette administration.

Entrons dans le détail ; cet examen minutieux est bon à faire une fois pour toutes.

Les dépenses du matériel pour l'administration centrale de l'instruction publique se subdivisent en sept articles :

1er article. — Chauffage (bois, charbon de bois, charbon de terre, cotrets, margotins) ;

2e article. — Eclairage (bougies, huile, gaz) ;

3e article. — Fournitures et entretien des bureaux (blanchissage, papeterie, quincaillerie, sparterie, etc.) ;

4e article. — Impressions, lithographie, etc.

5e article. — § 1er. Entretien des bâtiments et du mobilier (couverture, fumisterie, maconnerie, marbrerie, menuiserie, peinture, plomberie, serrurerie, tenture, vitrerie, etc.);

§ 2°. Entretien du mobilier (argenterie, bronzes, chaudronnerie, coutellerie, cristaux et porcelaines, horlogerie, lampisterie, lingerie, literie, sparterie, tapisserie, architecte, blanchissage, jardin);

6e article. — Dépenses diverses (concession d'eau, habillement des huissiers, garçons de bureau, etc, journaux, salaire des hommes de peine, courses de voiture, etc.);

7e article. — Matériel du conseil impérial de l'instruction publique : (papiers, plumes, impressions, etc.)

Ces sept articles constituent une dépense de 140,000 fr. Aux mains de qui a passé cette somme?

Aux mains du marchand de bois, du charbonnier, du fabricant de bougies, de la Compagnie du gaz parisien, de l'épicier, de la blanchisseuse, du papetier, du quincaillier, de l'imprimeur lithographe, de l'imprimeur typographe;

Du couvreur, du fumiste, du maçon, du marbrier, du menuisier, du peintre, du plombier, du serrurier, du tapissier, du vitrier;

De l'orfèvre, du bronzier, du chaudronnier, du coutelier, du porcelainier, de l'horloger, du lampiste, du marchand de toiles, de l'ébéniste, de l'architecte et du jardinier ;

De la Compagnie des eaux de Paris, du tailleur, du drapier, des journaliers et des cochers de fiacre.

Ainsi trente-cinq à quarante corps d'état se sont partagé intégralement les 140,000 fr. inscrits au budget pour le matériel de l'administration centrale de l'instruction publique.

Voilà donc un petit morceau du budget entièrement consommé par les ouvriers et par l'industrie privée.

Retenons ce premier exemple, qui se répète pour ainsi dire de page en page dans le budget.

Le matériel n'est que la plus petite des dépenses qui profitent directement à l'industrie privée et aux ouvriers.

L'Etat consomme une très grande quantité de matières premières et de produits fabriqués, pour les besoins de l'armée et de la marine, pour la fabrication des tabacs, de la poudre, des cartes à jouer, etc. Il dépense aussi de fortes sommes en salaires d'ouvriers pour la construction des vaisseaux, les travaux publics des routes, chemins, canaux, ponts, fortifications, ports, etc.

Nous ferons le compte de toutes ces sommes, qui sont payées directement à à l'agriculture, à l'industrie, aux ouvriers,.

Il reste une quatrième nature de dépenses, dans laquelle je classe les sommes qui ne sont destinées ni aux appointements des fonctionnaires, ni aux salaires d'ouvriers, ni aux achats de matières premières ou d'objets fabriqués, mais qui sont dues au public en général, à raison des emprunts d'État ou qui lui sont attribuées ou restituées pour diverses causes.

***

Pour nous résumer, nous disons que les sommes payées par le Trésor pour les dépenses du budget peuvent être considérées sous quatre formes principales, selon leur destination :

Savoir :

1° Les dotations des grands pouvoirs de l'État et les émoluments des fonctionnaires ; la solde de l'armée et de la marine ;

2° Le matériel administratif fourni pas l'industrie privée ;

3° Les matières premières et les objets fabriqués fournis par l'agriculture, les manufactures et le commerce français :

4° L'acquit envers le public des sommes qui lui sont dues.

En considérant ce petit tableau, on voit que les sommes touchées par les fonctionnaires ainsi que la solde des armées de terre et de mer ne comprennnent qu'un paragraphe sur quatre, et que les trois autres indiquent les sommes revenant au public en général.

La même proportion se retrouve dans les chiffres réels de la dépense, car les traitements et la solde n'excèdent guère le quart des dépenses inscrites au budget.

***

Voici pour quelles sommes le haut état-major gouvernemental et la famille impériale elle-même sont inscrits au budget.

Liste civile, fixée pour toute la durée du règne	25.000.000 fr.
Dotation des princes et princesses de la famille impériale	1.500.000
Traitement des ministres et des membres du conseil privé	1.473.333
Dotation des sénateurs	4.996.167
Indemnités des députés	3.816.500
Traitement des conseillers d'Etat	2.079.822
A reporter	38.865.822

Report.....	38.865.822
Corps diplomatique et consulaire........	11.735.378
Préfets, sous-préfets, secrétaires généraux et conseillers de préfecture....	14.883.228
	65.484.428

J'ai souvent entendu dire dans la conversation familière et répéter dans les journaux qu'il était facile de réaliser d'importantes économies sur le budget en rognant les gros traitements. C'èst une idée assez généralement répandue ; mais je ne crois pas qu'elle tienne contre le seul énoncé de ce chiffre : 65 millions et demi de gros traitements sur un budget de plus de 2 milliards.

Les quatre-vingt-dix préfets de France touchent une somme de 2,447,501 fr. 61 c., ce qui leur attribue un traitement moyen de 27,194 fr. 47 c. Il paraît difficile de réduire au-dessous de cette limite le traitement du premier fonctionnaire civil de nos départements.

Enlèvera-t-on quelque chose sur le traitement de nos ambassadeurs, de nos ministres plénipotentiaires, de nos consuls, qui défendent dans les deux hémisphères les intérêts de nos nationaux? Mais il est de notoriété qu'ils ont à peine de quoi suffire aux exigences de leur position, et qu'à cet égard ils sont trop souvent primés par les représentants des grandes puissances étrangères, telles que l'Angleterre et la Russie.

De la dotation des sénateurs, de l'indemnité des députés et du traitement des conseillers d'Etat, je ne dirai qu'une chose : c'est que dotation, indemnités et traitements sont nécessaires pour que les grands corps politiques restent librement ouverts à toutes les intelligences et à tous les services. Supprimer ces allocations, ce serait décider que les riches seuls pourraient siéger dans les deux Chambres et reconstituer une aristocratie politique. — Or, l'aristocratie et le suffrage universel s'excluent.

Mais je m'arrêterai plus longtemps au

chiffre de la Liste civile fixé à 25 millions de francs.

C'est également à 25 millions que la Constitution de 1791 avait fixé la Liste civile de Louis XVI, que les sénatus-consultes de 1804 et de 1810 avaient fixé celle de Napoléon Ier, que la loi de 1814 avait fixé celle de Louis XVIII et la loi de 1825, celle de Charles X.

A considérer la dépréciation subie par la valeur de l'argent, il saute aux yeux que la même somme jugée nécessaire pour la couronne en 1791, n'a plus la même valeur à soixante-dix-huit ans d'intervalle. Quelques explications d'une autre nature montreront péremptoirement que les sommes dont l'Empereur dispose réellement, sont bien inférieures au montant nominal de sa Liste civile.

Par l'effet même du sénatus-consulte du 12 décembre 1852 qui a formé la dotation mobilière et immobilière de la couronne, comprenant les palais, bâtiments, domaines, musées, manufactures, meubles, objets d'arts et joyaux, le trésor public fut dégrevé de dépenses d'entretien qui figuraient au budget de 1851 pour 7,725,000 francs, mais qui déjà ne suffisaient plus à leur objet.

La vérité est que, depuis quinze ans, la moyenne des dépenses d'entretien et de conservation de la dotation mobilière et immobilière de la couronne a dépassé douze millions de francs ainsi répartis :

Personnel des palais impériaux et dépenses de régie..	2.201.069
Mobilier de la couronne.......	1.386.182
Palais, bâtiments et jardins, (travaux d'entretien et grosses réparations)............	4.059.266
Forêts et domaines...........	1.152.703
Eaux de Versailles, Marly et Saint-Cloud.....	488.584
Musées impériaux............	725.293
Manufactures impériales......	945.000
Bibliothèques des palais......	120.000
Etablissements agricoles (service créé par l'Empereur).......	950.000
	12.028.097

Si l'on déduit de ces douze millions de charges légales le revenu moyen des forêts de la dotation, estimé trois millions, on arrive à cette constatation que la Liste civile se compose de vingt-cinq millions plus trois, moins douze : restent net seize millions, ou plus exactement 15 millions 971 mille 903 fr.

Quel en est l'emploi ? Le voici, d'après un document récemment publié (1) :

L'Empereur consacre chaque année un crédit de plus de cinq millions en dons aux associations charitables, aux églises, aux communes, en encouragements aux inventeurs, aux sociétés ouvrières, en secours aux vieux militaires et à toutes les infortunes en général.

Ces secours comprennent 850,000 francs par an à d'anciens militaires, à des familles malheureuses, à d'anciens fonctionnaires, et 120,000 francs aux parents des enfants nés le 16 mars 1856 ; 47,000 francs à l'établissement religieux du Mont Saint-Michel, à l'hospice de Versailles et à la Société de charité maternelle, etc.

(1) *Progrès de la France sous le gouvernement impérial*, Paris 1869.

C'est également sur ce fonds annuel de 5 millions que l'Empereur a accordé successivement 6 millions de francs à l'œuvre du desséchement des Dombes et des marais d'Orx; aux sociétés coopératives; aux maisons d'ouvriers de Paris, Lille et Bayonne; aux villes de Plombières, de Rambouillet et de Saint-Cloud; qu'il a créé douze lits à l'hospice des Incurables et donné à la ville d'Orléans une maison de convalescence, etc., etc.

En outre, l'Empereur s'est imposé une charge annuelle de 1,405,000 francs, savoir :

Prix de courses aux hippodromes de l'Empire	120.000 fr.
Subvention au théâtre de l'Opéra	100.000
Complément des dépenses des Cent Gardes	350.000
Gratification d'habillements aux officiers subalternes de la garde impériale	85.000
A reporter	655.000

Report.....	655.000
Pour porter à 600 francs la pension des sous-officiers et soldats amputés............	750.000
Somme égale...	1.405.000 fr.

Nous savons donc d'une source authentique, que l'Empereur consacre à des actes de munificence ou à des œuvres d'utilité publique une somme annuelle d'au moins 6,405,000 francs prélevés sur les 15,971,903 qui forment le montant réel de sa Liste civile. Sur le surplus, soit 9,566,903 francs, il attribue 1,300,000 francs par an aux princes et princesses qui ne font pas partie de la famille impériale.

Ainsi, l'Empereur ne dispose pour les dépenses générales de sa maison, pour celle de la famille impériale et pour sa cassette particulière, que d'une somme nette de 8,266,903 francs.

La différence, soit 16,733,097 francs, doit être réunie, pour l'exactitude de notre analyse, aux autres éléments du budget des dépenses, où nous la retrouverons en temps et lieu.

***

Après le haut personnel du Gouvernement et de l'administration, que nous avons isolé pour le mieux mettre en saillie, les parties prenantes au budget forment des groupes très nombreux, comprenant près d'un million d'hommes :

Le clergé ;

La magistrature ;

Les employés ;

Les professeurs, savants, gens de lettres, artistes, etc.

Le corps des ponts-et-chaussées et des mines ;

L'armée ;

Les marins, troupes de marine, mariniers et pêcheurs.

C'est une notable portion de la population française, à coup sûr la plus distinguée, la plus éclairée, comme aussi la plus dévouée et la plus courageuse.

Le personnel du clergé, comprenant les cardinaux, archevêques, évêques, chanoines, curés, desservants, les facultés de théologie, les consistoires protestants et israëlites, etc., etc., reçoit au budget une somme totale de 44,908,353 francs.

Le personnel de la magistrature, comprenant les cours suprêmes, les cours impériales, les cours d'assises, les tribunaux de première instance, les justices de paix, la justice musulmane en Algérie, etc., reçoit une somme totale de 28,872,268 francs.

Les employés de tous les services, autres que les services financiers, touchent 16,058,267 francs, et les employés des services financiers 122,539,017 francs, ensemble 138,597,384 francs.

Les professeurs de l'Université, les membres des facultés et académies, les instituteurs et institutrices, les savants, les gens de lettres, artistes, etc., touchent, sous forme de traitements, allocations, jetons de présence, souscriptions, indemnités et secours, une somme totale de 16,269,016 fr. 63 c.

Le personnel des ponts-et-chaussées et des mines, inspecteurs, ingénieurs, élèves, conducteurs et agents de tous grades, touchent fr. 9,007,707.

L'armée, depuis le maréchal de France jusqu'au simple soldat, touche comme solde et prestations, supplément de solde, indemnités et secours fr. 239,421,528.

La marine, depuis l'amiral jusqu'au simple matelot, en y ajoutant le personnel de la pêche maritime et fluviale, touche en solde, prestations, encouragements et primes, une somme totale de fr. 72,737,361.

On peut ajouter, au compte des armées de terre et de mer, le supplément de dotation de la Légion d'honneur, montant à fr. 9,899,230.

***

Cela dit, récapitulons les sommes touchées par le personnel.

L'Empereur (solde disponible de la Liste civile) .... 8.266.903 f.

A reporter.. 8.266.903

Report...	8.266.903
Princes et princesses (y compris l'allocation de l'Empereur)........................	2.800 000
Ministres et conseil privé..	1.473.333
Dotation des sénateurs.....	4.996.167
Indemnités des députés....	3.816.500
Traitement des conseillers d'Etat..................	2.079.822
Corps diplomatique et consulaire......	11.735.378
Préfets, sous-préfets, etc..	14.883.228
	50.051.331
Clergé..................	44.908.353
Magistrats	28.872.268
Employés de tous grades (y compris le personnel des palais impériaux)...	140.798.353
Professeurs, savants, artistes (y compris les dépenses spéciales de la liste civile)...	17.214.310
Corps des ponts et chaussées, mines, etc............	9.007.707
A reporter.....	290.852.322

Report.....	290.852.322
Armée (y compris les allocations de la liste civile).....	239 856.528
Marins et pêcheurs.........	72.737.361
Dotation complémentaire de la Légion d'honneur.........	9.899.230
Total du personnel, fr..	613.345.441

Ainsi, sur un budget brut total de 2,075 millions, le personnel du gouvernement, de l'administration, de la représentation dfplomatique et consulaire, du clergé des différents cultes, de la magistrature, de l'enseignement, des travaux publics, de l'armée et de la marine, ne consomme que 613 millions, c'est-à-dire un peu moins du tiers de la dépense générale, soit assez exactement les trois dixièmes.

Tout le reste revient au public, selon le détail que je vais établir.

A vrai dire, les membres des grands corps de l'Etat, les ecclésiastiques, les magistrats, les professeurs, les artistes, les ingénieurs, les soldats et les marins font aussi bien partie du public que les simples particuliers vivant de leur revenu, de leur art ou de leur industrie, en dehors de toute fonction publique. D'autre côté, on comprend que les émoluments qu'ils touchent au budget ne sont rien moins qu'un don gratuit.

Ces émoluments représentent la rémunération, généralement modeste, du temps qu'ils consacrent aux affaires publiques et des services qu'ils rendent par leur talent, leur dévouement et leur courage. On ne saurait comprendre, sous quelque forme de gouvernement que ce soit, une société sans culte, sans magistrature, sans instruction publique et sans armée. L'homme qui administre, celui qui juge, celui qui distribue l'enseignement religieux, moral, littéraire ou professionnel, celui qui défend sur terre ou sur mer, dans son pays ou à l'étranger, par les armes ou la parole, les intérêts, les droits et l'honneur de la patrie, remplit, même au point de vue purement économique, une fonction non moins utile et non moins nécessaire que celui qui laboure, qui tisse, qui forge ou qui bâtit.

D'ailleurs, les émoluments des fonctionnaires de tous ordres, comme la solde des soldats et marins, sont consacrés presque entièrement aux besoins de leur existence, et rentrent presque intégralement dans la circulation, comme prix des produits et denrées qu'ils consomment sous forme de loyers, de salaires d'ouvriers, etc.; enfin, ils payent, et largement, leur quote-part d'impôts, de telle sorte qu'une partie de l'argent qu'ils reçoivent du budget des dépenses retourne au budget des recettes.

Toutefois, admettons, pour éviter les discussions secondaires, que les 613 millions portés en compte ci-dessus représentent des sommes définitivement acquises aux agents du gouvernement, aux fonctionnaires et à l'armée, ce qui est manifestement exagéré : on va reconnaître que la grosse masse du budget, c'est-à-dire les sept dixièmes restant, sont payés directement par le Trésor au public, c'est-à-dire à toutes les catégories de citoyens non fonctionnaires, aux agriculteurs, industriels, rentiers, manufacturiers, ouvriers de tous les corps de métiers, etc., etc.

***

J'ai promis de rendre compte des 2,075,099,424 fr. montant de la dépense brute du budget.

On connait déjà la part du personnel, montant à 613,345,441 fr.

Restent 1,461,753,983 fr. qui se répandent et s'éparpillent dans tous les rangs de la population.

Chacun y a sa part, plus ou moins large, les colonies, les départements, les communes, les rentiers et les créanciers de l'Etat, les ouvriers, les entrepreneurs, les marchands, les fabricants, les éleveurs, les laboureurs, les pauvres, les condamnés, et même les étrangers.

***

Comment et à quel titre les étrangers prennent-ils part au budget?

Voici la réponse :

Les puissances européennes s'étant entendues pour racheter au gouvernement danois les péages des détroits qui séparent la mer du Nord de la mer Baltique, la quote-part de la France dans cette dépense, qui profite à notre commerce maritime, est représentée par une annuité de fr. 248,832

Le rachat des péages de l'Escaut nous coûte encore une autre annuité de fr. 340,428

Les frais de délimitation à la frontière des Pyrénéees nous ont constitués débiteurs envers l'Espagne d'une annuité de fr. 15,007

La restauration de l'église Sainte-Anne à Jérusalem était inscrite au budget de 1866, pour fr. 40,400

Le Trésor sert à l'émir Abd-el-Kader une pension de fr. . 120,000

Enfin, les secours alloués aux étrangers réfugiés montent à fr. 1,335,339

Ensemble, fr. . . 2,100,006

***

Les colonies, les départements et les communes prélèvent sur les revenus de l'État d'assez fortes subventions, qui entrent en recettes dans leur budget respectif.

Le budget de la marine supporte, pour subventions aux services coloniaux, une somme de fr. 2,069,500

Et de plus rembourse aux colonies pour droits d'octroi sur le chauffage des troupes de marine.. 4,969

2,074,469

Les départements et les communes reçoivent sur les fonds généraux des quatre contributions directes, tant pour leurs dépenses de toute nature que pour les dépenses spéciales de l'instruction publique, une somme de fr. : 151,138,201

A reporter. . . . 151,138,201

Report. . . .	151,138,201
Plus sur le budget extraordinaire.	4,827,201
Plus, par diverses subventions en faveur de l'instruction primaire.	3,806,547
Plus, par subventions pour maisons d'écoles. . .	710,369
Plus, par subventions pour salles d'asile, ouvroirs, etc.	253,432
	160,735 750

Le total des subventions directes aux colonies, départements et communes, monte à 162,810,219 francs, en ce non compris l'Algérie, dont les services sont confondus avec les services généraux de l'administration française.

***

Indépendamment des dépenses des hôpitaux, hospices, refuges, établissements de bienfaisance, etc., qui leur sont plus particulièrement destinés, les indigents ont leur petit budget taillé dans l'étoffe du grand et qui comprend trois articles :

Les subventions aux établissements généraux de bienfaisance pour	862.410
Les secours généraux pour	1.040.851
Les secours personnels pour.	1.107.435
Ensemble :	3.010.696

***

Les condamnés même touchent au budget du ministère de l'intérieur 3,334,075 francs en remboursement du produit de leur travail. On retrouverait aussi quelques dépenses de cette nature au budget de la marine, mais elles sont enchevêtrées avec d'autres articles, et nous n'aurions pu les en extraire que par un travail disproportionné à l'importance du résultat.

***

Arrivons à la dette publique.

Voici l'état des sommes touchées par les rentiers dans le courant de l'année 1866 :

Propriétaires d'inscriptions de rentes 4 1/2 0/0, 4 et 3 0/0	338.663.587
Créanciers d'emprunts spéciaux pour canaux et porteurs d'obligations trentenaires du Trésor....................	15.780.921
Dépositaires de cautionnements et porteurs de bons du Trésor....................	36.190.511
Titulaires de rentes viagères anciennes................	278.361
Titulaires de rentes de la Caisse des retraites pour la vieillesse..................	4.221.046
Ensemble.........	395.134.426

Pour se faire une idée du nombre de personnes intéressées dans le décompte qui précède, il suffit de savoir que les rentes sur l'Etat, au 1er janvier 1867, se divisaient en 1,086,151 inscriptions différentes, et que la moyenne de chaque inscription n'était que de 313 fr. de rente. L'Empire a démocratisé la richesse et l crédit.

Comme complément de la dette publique il faut enregistrer les pensions dues aux anciens serviteurs de l'Etat.

Elles s'élèvent à 69,801,120 fr.

Savoir :

Pensions civiles............	28.343.850
Pensions militaires.........	39.696.788
Pensions ecclésiastiques....	37.771
Pensions d'anciens donataires dépossédés...............	884.375
Pensions à titre de récompenses nationales.......... ...	513.857
Pensions des grands fonctionnaires......................	191.278
Pensions de la pairie et de l'ancien Sénat...............	132.700
	69.801.119

On voit que sur 70 millions de pensions, en nombre rond, les grands fonctionnaires touchent un peu de moins de 200,000 fr. Il n'y a pas là de quoi crier.

A ce chapitre, il faut ajouter encore :

Secours aux pensionnaires de l'ancienne liste civile..........	170.199
Secours viagers aux militaires de la République et du premier Empire	2.641.100
Secours aux employés des anciennes listes civiles et du domaine privé du dernier règne..	519.127
Anciens dotataires du Mont-de Milan.......................	40.267
	3.370.693

Tenons compte, à ce même chapitre, de la somme de 750,000 francs prélevée par l'Empereur sur sa Liste civile, pour augmenter la pension des officiers et sous-officiers amputés à la guerre ; et nous trouvons que les anciens serviteurs de l'Etat touchent en totalité 73,921,812.

***

Au public, pris en masse, le budget de 1866 restitue encore une somme assez ronde de 141,265,939 francs pour les causes suivantes :

Restitutions et non valeurs sur contributions directes...	100.344.100
Secours spéciaux pour pertes et événements malheureux......................	1.952.951
Secours aux propriétaires et colons algériens..........	736.728
	103.033.779
A quoi il faut ajouter une somme de..................	38.232.160
Somme égale de... .	141.265.939

Cette somme de 38,232,160 fr. a été touchée directement par des propriétaires de France et d'Algérie, pour prix de ventes de terrains ou d'immeubles consenties à l'Etat, pour loyers de bâtiments et de terrains à l'usage des départements de la guerre et de la marine, pour subventions à des compagnies postales et thermales, pour subventions de travaux, remboursements et restitutions diverses, indemnités aux anciens propriétaires de Saint-Domingue, etc. A quoi il faut ajouter 5 millions distribués, comme nous l'avons fait connaître, par Sa Majesté l'Empereur, sur les fonds de sa Liste civile.

Ensemble : 146,265,939 francs.

***

Il a été dépensé en 1866, pour travaux publics, constructions, réparations, entretien des bâtiments de l'Etat et de la dotation immobilière de la Couronne : 234,432,615 fr.

Les travaux publics comprennent : les subventions pour chemins vicinaux et constructions de ponts à péage ; les routes impériales, les rivières, les canaux, les ports, les phares, les fortifications, la colonisation et la topographie algérienne, les travaux publics en Algérie, des subventions diverses, les travaux hydrauliques de la marine; les chemins de fer, etc.; le tout pour 208,309,487 fr.

Les dépenses pour bâtiments publics comprennent : les édifices diocésains, les églises et presbytères, temples et synagogues, les prisons, les établissements thermaux de l'Etat, les monuments historiques, l'Hôtel des Invalides, les bâtiments civils et militaires; l'Ecole polytechnique, l'Ecole militaire de Saint-Cyr, le Prytanée, l'Ecole d'état-major, les résidences impériales, musées, etc., pour 26,123,128 fr.

La totalité de ces 234,432,615 francs revient :

Aux architectes, entrepreneurs, propriétaires de carrières, de plâtrières, d'ardoisières, de mines; aux marchands de métaux, fabricants de fer, de fonte, de bronze, maçons, charpentiers, menuisiers, peintres en bâtiments, serruriers, vitriers, fumistes, couvreurs, etc., etc.

***

J'ai expliqué déjà, par un exemple analytiqué, les dépenses du matériel d'une administration publique; le détail en est infini, et je n'y rentrerai pas. Je répète seulement que toute cette dépense se résout en salaires d'ouvriers et de marchands, meubles, étoffes, quincaillerie, papeterie, impressions, lithographie, houille, bois, charbon, gaz, bougie, huile à brûler, porcelaines, cristaux, bronzes, etc., etc.

Le matériel général de nos administrations publiques répartit ainsi, entre les diverses branches de l'industrie française, une somme de 114,962,931 francs.

On me saura peut-être quelque gré de ma patience si je dis que, pour obtenir ce total, j'ai dû dépouiller les comptes de tous les ministères, de toutes les directions générales, des cours et tribunaux, des prisons, casernes; écoles militaires, navales et civiles; facultés, académies, bibliothèques, etc., etc.

***

Je relève ensuite plusieurs catégories de dépenses analogues à celles du matériel, mais trop importantes et trop spéciales pour qu'on les y confonde.

Par exemple, les dépenses des hôpitaux militaires et maritimes montent à 15 millions 180 mille 100 francs, qui sont encaissés par des fournisseurs très-divers, particulièrement par les fabricants de produits chimiques et pharmaceutiques, par les fabricants d'instruments de chirurgie, par les tisseurs de toile, les bouchers, boulangers, maraîchers, etc., etc.

L'administration des lignes télégraphiques consomme, de son côté, des produits spéciaux, tels que fils de fer, gutta-percha, plaques de porcelaine, métaux, acides, appareils de précision, etc., pour une somme de 4.098.573 fr. 05, qui profite principalement aux tréfileries, aux porcelainiers, aux fabricants de produits chimiques, aux mécaniciens-électriciens, injecteurs de bois, etc.

Le matériel de la remonte, le harnachement de la cavalerie, emploient 777,273 francs, exclusivement versés entre les mains des selliers, bourreliers, etc.

Les convois militaires et les transports du matériel de l'armée et de la marine, confiés à l'industrie privée, représentent au budget le chiffre considérable de 25,063,041 francs, qui profitent aux voituriers, rouliers, camionneurs, et aux compagnies de chemins de fer et de navigation.

L'industrie spéciale du couchage, consistant en fournitures de lits et couchettes de fer, sommiers, matelas, paillasses, draps, couvertures, etc., est comprise au budget (je n'ai pu en dégager quelques dépenses d'habillement qui s'y trouvent confondues) pour 4,949,535 francs.

Enfin, le budget de la marine paye directement aux ouvriers des ports des journées de travail produisant pour 25,479,494 francs de salaires.

***

Le matériel proprement dit de la guerre et de la marine est fourni tout entier par l'industrie privée, dans laquelle il verse des sommes considérables.

Les achats de machines et objets confectionnés pour la marine et son artillerie coûtent 9,211,368 francs, prix d'appareils moteurs et évaporatoires, de machines et chaudières à vapeur; tours, forges de bord et souffleries; apparaux de force, cercles, treuils, chèvres, grues; voitures et apparaux de charrois et transports; instruments et ustensiles de pesage, etc.; carreaux, limes, râpes, scies, etc.; ouvrages en bois, tels qu'embarcations, mâts, vergues, pouliages, avirons, pièces à eau et à vin, objets en métaux, tels que ancres, grappins, câbles, chaînes, marmites; appareils distillatoires et culinaires, fourneaux à roulis et fours; pompes à incendies; lampes, fanaux; cordages, voiles, pavillons; meubles et objets de couchage ; affûts de canon ; accessoires d'armements, projectiles, armes portatives, instruments de musique, etc., etc. Le tout, fourni par l'industrie privée, qui répartit cette somme en achats de matières premières, en bénéfices pour elle et en salaires d'ouvriers.

Outre ces objets confectionnés, la guerre et la marine achètent directement, pour le service de leur matériel, une grande quantité de matières premières, dont voici le décompte :

Matériel de l'artillerie de terre..........................	5.849.948
Matériel du génie.	4.095.251
Matières premières de la marine..........................	28.096.922
Matières premières pour l'artillerie de marine........	2.111.702
	40.153.823 (1)

(1) Dans cette somme se trouve confondu le prix d'un assez grand nombre de journées d'ouvriers.

Ces matières premières consistent en : bois, fers, tôles, charbons, cordages, outils, projectiles, bois circulaires pour affûts ; telle est la part de l'armée de terre.

La marine consomme : du bois de construction et de mâture ; des métaux, minerais et fontes de fer, plaques de blindage, tôles, fer-blanc et fer noir, acier, cuivre jaune et rouge, bronze, plomb étain, zinc, serrures, ferrements, etc.; des chanvres, étoupes, toiles et étamines, des matières grasses et résineuses, produits chimiques ; tous les genres de combustibles : charbons de terre, cok, bois, copeaux, charbon de bois, de forge, etc.; des étoffes et tissus de laine, soie, fil, crin, passementeries, etc.; cuirs et peaux, gutta-percha, caoutchouc ; glaces et verres ; asphalte, ciment, chaux, sables, etc.

Mais ce n'est là qu'une faible partie de la riche dotation que la propriété forestière, minière, agricole, les forges, fonderies, filatures, tissages, etc., se partagent sur le budget de la guerre et de la marine.

Les armes portatives, les bouches à feu, les forges, les poudres de guerre et la capsulerie figurent au budget des deux armées pour 5,269,851 fr. presque entièrement consacrés à des achats d'outillage, de métaux, de bois, de charbon, de salpètre, de soufre, produits chimiques, etc.

Les dépenses d'habillement et de campement comprennent pour l'armée de terre, francs : 26,464,586

Celles de la marine : 3,542,437

Ensemble fr. 30,007,023

Cette somme passe toute entière aux entreprises d'habillement et de campement, qui la répartissent entre les fabricants de drap, de toiles, de cuirs, de boutons, de passementerie, et le nombreux personnel des ouvriers tailleurs, cordonniers, chapeliers, etc.

Les vivres généraux de l'armée et de la marine constituent une dépense totale de 47,173,967 francs, et par conséquent un débouché d'importance égale pour les cultivateurs producteurs de blé, seigle, légumes et fruits, pour les éleveurs de bétail, les saliniers, les fabricants de conserves, etc., etc.

Le chauffage et l'éclairage de l'armée de terre et de mer consomment 2,766,527 fr. de bois, houille, huiles et gaz, fournis par la propriété forestière, minière et par l'industrie privée.

L'agriculture et l'industrie chevaline perçoivent en outre sur les budgets de la guerre et de la marine les sommes suivantes :

Pour les fourrages de la cavalerie	48.273.446
Pour la remonte de la cavalerie..............................	7.256.661
Les chevaux de l'artillerie de marine coûtent....................	6.474
Ensemble, fr.....	55.536.581

Il me semble qu'au point où nous en sommes arrivés, la lumière doit commencer à se faire dans l'esprit du lecteur.

Les budgets de la guerre et de la marine, ces monstres horribles grossis par l'ignorance et la peur, se sont sensiblement dégonflés au profit direct du contribuable.

Reprenons un peu cet examen spécial. On n'y saurait trop insister.

Dépenses ordinaires et extraordinaires réunies, la guerre et la marine sont comptées au budget de 1866 pour 608,475,488 fr.

Ce total, je le décompose selon la loi de sa destination finale, et il me donne :

Pour les traitements et la solde des officiers, soldats et marins, en nombres ronds : 312 millions et demi ;

Pour le traitement des employés de l'administration centrale : 2 millions ;

Pour les vivres, fourrages et chevaux, matières premières et fabriquées, habillement, campement, armes, chauffage, éclairage, salaires d'ouvriers : 261 millions et demi.

Pour le matériel ordinaire, confondu par nous dans le matériel général des administrations publiques : 17 millions :

Pour les fortifications et autres travaux publics : 15 millions et demi.

Donc, la moitié des 600 millions de la guerre et de la marine se dépense en solde aux défenseurs du pays ; les 300 autres millions vont directement à l'agriculture, à l'industrie, au commerce, aux ouvriers de tous les métiers.

Or, il est assez facile, dans des harangues et des affiches électorales, de promettre la suppression des armées permanentes et par conséquent la suppression des budgets de la guerre et de la marine.

Mais vous tous, agriculteurs, industriels et travailleurs, sachez bien que c'est vous qui supporteriez, pour moitié, les frais de cette économie chimérique, car il vous manquerait à l'instant même 300 millions de débouchés pour vos produits naturels ou manufacturés.

J'ajoute qu'en réalité c'est à la masse du peuple qu'on retirerait la totalité de ces 600 millions, car les 500,000 hommes qui se partagent 300 millions de solde font partie, je présume, de la nation française.

***

Mais, dit-on, nans l'état actuel, ces 500,000 soldats et marins sont absolument improductifs ; s'ils étaient libres, le travail de leurs bras suffirait à leur subsistance, tout en augmentant dans des proportions incalculables la richesse du pays.

Voilà des phrases que j'entends répéter à la journée — comme autant d'axiomes qui se passent de démonstration. Cela n'est cependant ni très clair ni absolument certain.

Je sais très bien que la disponibilité de cinq cent mille paires de bras ferait baisser les salaires agricoles : satisfaction pour ceux qui les payent, mais déplaisir pour ceux qui les reçoivent. Je sais aussi que l'Etat paye en ce moment à l'agriculture la nourriture en pain, en viande, en légumes, en fruits, en vin, l'habillement en laines et fils de chanvre ou de lin, etc., de ces cinq cent mille hommes. Une fois rendus à eux-mêmes, ces cinq cent mille hommes consommeraient-ils en nourriture et en vêtements ce que l'Etat dépense pour eux ? J'en suis moins convaincu.

D'ailleurs, c'est le petit côté de la question.

On affirme que le citoyen, réputé productif alors qu'il conduisait la charrue, qu'il maniait le rabot, la scie ou le marteau, devient improductif par cela seul qu'il est devenu soldat.

Eh bien ! cette proposition acceptée comme fondamentale, non pas seulement par les socialistes du club et du ruisseau, mais aussi par les économistes du salon, de la chaire et de la tribune, je la nie purement et simplement.

Imaginez une tribu composée de cent cinquante personnes, hommes et femmes, veillards et enfants. Ils viennent de planter leur tente en pays inconnu ; le sol parait fertile, le site est riant. Ils se mettent à l'œuvre. Mais, de peur de se laisser surprendre par des ennemis inconnus ou de nouveaux arrivants disposés à leur disputer la terre, ils décident que deux d'entre eux, choisis à tour de rôle, parmi les plus agiles et les plus valides, feront bonne garde autour de la colonie naissante pour protéger son travail pendant le jour et son sommeil pendant la nuit.

Est-ce que ces deux hommes, pendant les heures qu'ils veilleront l'arc à la main ou la carabine sur l'épaule, participeront moins activement à la production commune que pendant les heures où ils maniaient la pioche ou la bèche? Pas le moins du monde; ils auront, sous différentes formes ou fonctions, rendu le même service. On peut craindre seulement qu'une colonie de cent cinquante personnes ne soit insuffisamment gardée par deux individus seulement.

Faites un calcul bien simple : deux hommes sur cent cinquante, c'est exactement un et un tiers pour cent.

Un et un tiers pour cent de 38 millions d'hommes, c'est 500,000 hommes; c'est précisément l'effectif de l'armée et de la flotte françaises réunies sur le pied de paix.

Ce qu'ils protègent, c'est notre travail, nos richesses, notre intégrité territoriale, notre indépendance nationale et notre honneur. Pour moi, je ne connais pas de fonction sociale plus productive que celle de l'armée, car elle est la condition même de la production et de l'existence pour une nation comme la nôtre, qui veut résister à l'incessante et effrayante poussée que, depuis les temps historiques, l'Orient exerce sur l'Occident, et ne se laisser ni submerger par les races allemandes et slaves, ni se laisser jeter à l'Océan.

Une remarque en passant.

Voici un bois de vingt hectares ; c'est peu de chose. Il rapporte en moyenne onze à douze cents francs. Vous le faites surveiller par un garde qui vous en coûte au moins trois cents. Si quelque sage humanitaire vous disait : « — Quelle folie ! congédiez votre garde ; vous économiserez trois cents francs ; et ne craignez pas qu'on vous pille : la foi publique garantit vos baliveaux et vos taillis. » Vous ririez au nez de ce sage ; car vous savez que les cent écus que coûte votre garde garantissent la conservation de votre fonds et de votre revenu.

Riez donc de ceux qui vous conseillent de désarmer, et engagez-les à porter leur éloquence vers d'autres contrées de l'Europe. En attendant, défendez votre bien.

***

Revenons. Je n'ai pas tout compté encore, mais j'ai bientôt fini.

On a vu que l'agriculture vendait au ministère de la guerre et de la marine pour 55,536,581 francs de chevaux et de fourrages ; ci. 55,536,581

A reporter. 55,536,581

Report.	55,536,581
Je retrouve encore à son avoir :	
Pour achats d'étalons et encouragements à l'industrie chevaline, fr.	2,038,999
Pour les écoles d'agriculture, bergeries, fermes-écoles, etc.	3,265,412
Subventions de la liste civile aux établissements agricoles et à l'industrie chevaline, fr. , ...	1,700,000
Achats et transports de tabacs.	43,946,964
Ensemble fr. . .	106,487,956

⁂

Il faut ici placer, pour aligner les comptes, 6,322,834 francs de dépenses sur les exercices clos, dont le détail n'aurait pas d'intérêt, et 2,839,899 fr. de dépenses secrètes.

Maintenant, récapitulons :

Le PERSONNEL gouvernemental, le clergé, la magistrature, les employés, les professeurs et instituteurs, l'armée et la marine coûtent, comme traitements et dotations....................	613.345.441
Les ÉTRANGERS touchent..	2.100.006
Les COLONIES, DÉPARTEMENTS et COMMUNES........	162.810.219
Les INDIGENTS...........	3.010.696
A reporter.....	167.920.921

Report.....	167.920.921
Les CONDAMNÉS...........	3.334.075
Les RENTIERS............	395.134.426
Les PENSIONNAIRES DE L'ÉTAT.....................	73.921.812
Le PUBLIC, pris en masse	146.265.939
Les OUVRIERS du bâtiment, entrepreneurs, architectes, etc......................	234.432.615
Les INDUSTRIELS et COMMERÇANTS, fournisseurs des administrations publiques.	135.018 877
Les ENTREPRENEURS DE TRANSPORTS...............	25.063.041
Les FABRICANTS DE LITERIE	4.949.535
Les OUVRIERS des ports..	25.479.494
Les MAÎTRES DE FORGES, FONDEURS, etc..............	9.211.368
Les PROPRIÉTAIRES DE BOIS, MAÎTRES DE FORGES, etc.....	40.153.823
— Idem..........	5.269.851
A reporter.....	1.266.155.777

Report.....	1.266.155.777
Les FABRICANTS DE DRAP, TAILLEURS, CORDONNIERS, CHAPELIERS, etc................	30.007 023
Les CULTIVATEURS, VIGNERONS, ÉLEVEURS, etc.......	47.173.967
Les MARCHANDS D'HUILE et de CHARBONS, les PROPRIÉTAIRES DE BOIS, etc........	2.766.527
L'AGRICULTURE...........	106.487.956
	1.452.591.250
Reportant les dépenses du personnel............	613.345.441
Les dépenses secrètes...	2.839.899
Et les dépenses des exercices clos...............	6.322.834
On recompose le total du budget...............	2.075.099.424 (1)

(1) Voir p. 9.

***

Maintenant, la conclusion est bien facile à tirer et la réponse au titre du présent opuscule est toute faite.

Qui mange le budget ?

TOUT LE MONDE.

AUGUSTE VITU.

Paris. Imprimerie de DUBUISSON et Ce rue Coq-Héron, 5.

www.ingramcontent.com/pod-product-compliance
Ingram Content Group UK Ltd.
Pitfield, Milton Keynes, MK11 3LW, UK
UKHW020330220726
13923UKWH00003B/1484